Impressum
Verlag: BABADADA GmbH, Nedderfeld 112 , 22529 Hamburg
Geschäftsführer / Verlagsleitung: Harald Hof
Druck: Books on Demand GmbH, In de Tarpen 42, 22848 Norderstedt

Imprint
Publisher: BABADADA GmbH, Nedderfeld 112 , 22529 Hamburg, Germany
Managing Director / Publishing direction: Harald Hof
Print: Books on Demand GmbH, In de Tarpen 42, 22848 Norderstedt, Germany

escuela

škola

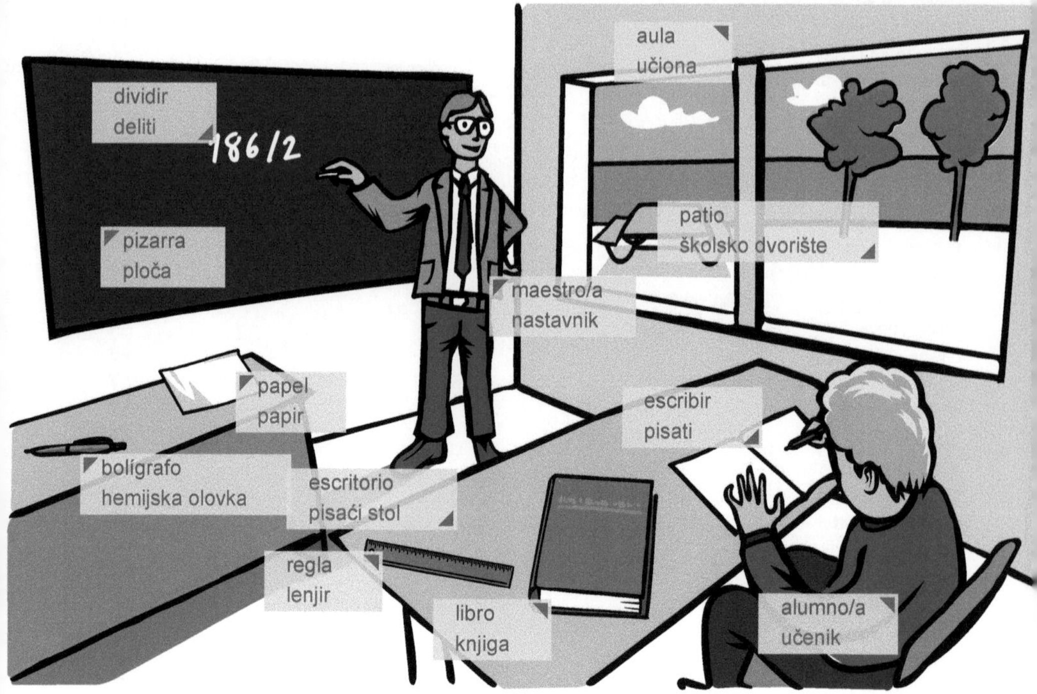

aula
učiona
dividir
deliti
186/2
pizarra
ploča
patio
školsko dvorište
maestro/a
nastavnik
papel
papir
escribir
pisati
bolígrafo
hemijska olovka
escritorio
pisaći stol
regla
lenjir
libro
knjiga
alumno/a
učenik

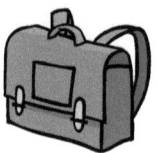

cartera

torba

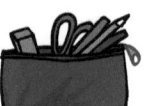

caja de lápices

pernica

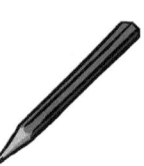

lápiz

grafitna olovka

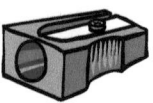

sacapuntas

šiljilo za olovke

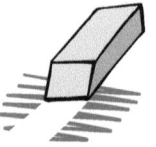

goma de borrar

gumica za brisanje

cuaderno de dibujo

blok za crtanje

dibujo

crtež

pincel

kist

caja de pinturas

kutija sa bojama

tijeras

makaze

pegamento

lepilo

cuaderno de ejercicios

beležnica

deberes

domaći zadatak

número

broj

sumar

sabirati

restar

oduzimati

multiplicar

množiti

calcular

računati

letra

slovo

alfabeto

abeceda

palabra

reč

texto

tekst

leer

čitati

tiza

kreda

lección

čas

cuaderno de notas

dnevnik

examen

ispit

certificado

svedočanstvo

uniforme escolar

školska uniforma

educación

obrazovanje

enciclopedia

leksikon

universidad

univerzitet

microscopio

mikroskop

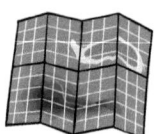

mapa

karta

papelera

košara za papir

viaje
putovanje

hotel
hotel
Grand
albergue
prenoćište
ROOMS
EXCHANGE
oficina de cambio de divisas
menjačnica
maleta
kofer
coche
auto

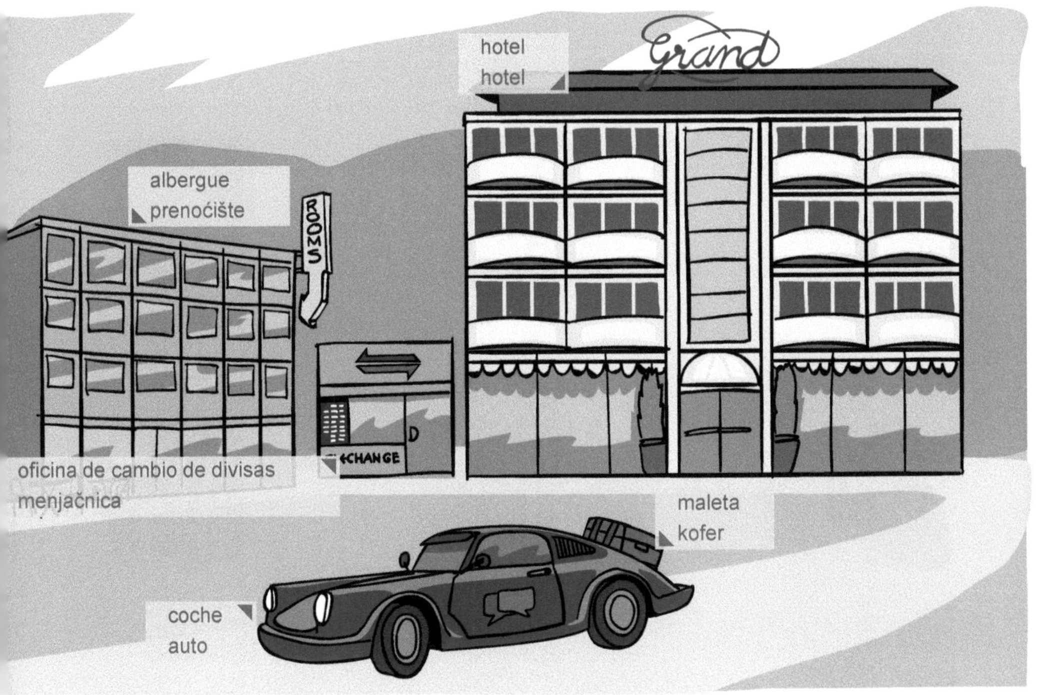

idioma

jezik

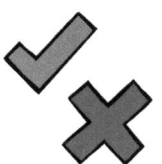

sí / no

da / ne

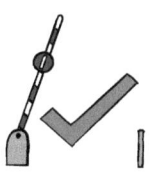

Vale

okej

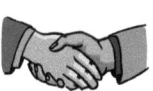

hola

zdravo

traductor

prevodilac

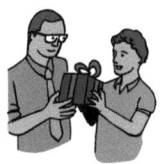

Gracias

hvala

¿cuánto es...?

Koliko košta...?

No entiendo

ne razumem

problema

problem

¡Buenas tardes!

dobro veče!

¡Buenos días!

Dobro jutro!

¡Buenas noches!

Laku noć!

adiós

doviđenja

dirección

smer

equipaje

prtljaga

bolsa

torba

mochila

ruksak

invitado

gost

habitación

soba

saco de dormir

vreća za spavanje

tienda de campaña

šator

viaje - putovanje

información turística

turističke informacije

playa

plaža

tarjeta de crédito

kreditna kartica

desayuno

doručak

almuerzo

ručak

cena

večera

billete

karta za vožnju

ascensor

lift

sello

poštanska markica

frontera

granica

aduana

carina

embajada

ambasada

visa

viza

pasaporte

pasoš

transporte
transport

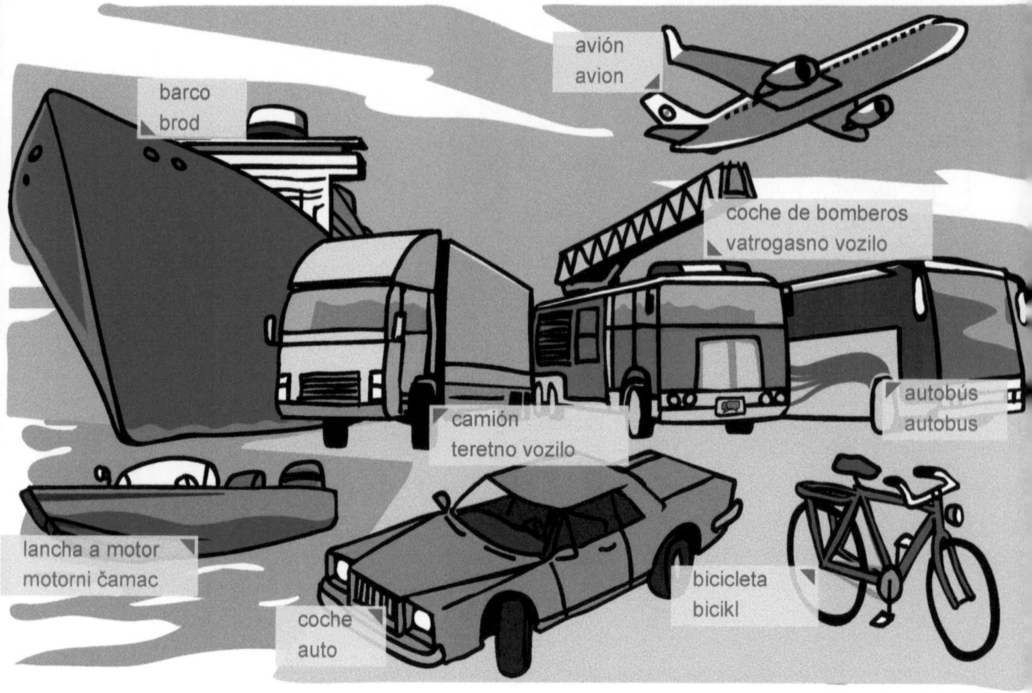
avión
avion
barco
brod
coche de bomberos
vatrogasno vozilo
autobús
autobus
camión
teretno vozilo
lancha a motor
motorni čamac
bicicleta
bicikl
coche
auto

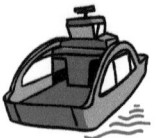

transbordador

trajekt

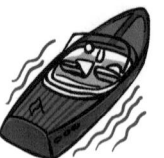

barca

čamac

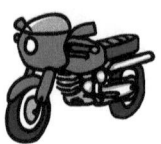

moto

motocikl

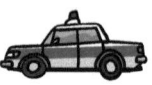

coche de policía

policijski auto

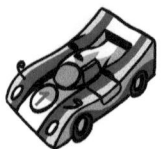

coche de carreras

trkaći auto

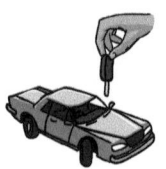

coche de alquiler

iznajmljeno auto

préstamo de vehículos

delenje automobila

grúa

vučno vozilo

camión de la basura

vozilo za odvoz smeća

motor

motor

gasolina

benzin

gasolinera

benzinska stanica

señal de tráfico

saobraćajni znak

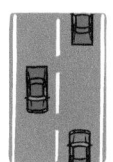

tráfico

saobraćaj

atasco

zastoj

aparcamiento

parkiralište

estación de tren

železnička stanica

vías

šine

tren

voz

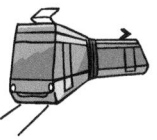

tranvía

tramvaj

vagón

vagon

helicóptero

helikopter

aeropuerto

aerodrom

torre

kula

pasajero

putnik

contenedor

kontejner

caja de cartón

karton

carretilla

kolica

cesta

korpa

despegar / aterrizar

uzleteti / sleteti

ciudad

grad

pueblo

selo

centro de ciudad

centar grada

casa

kuća

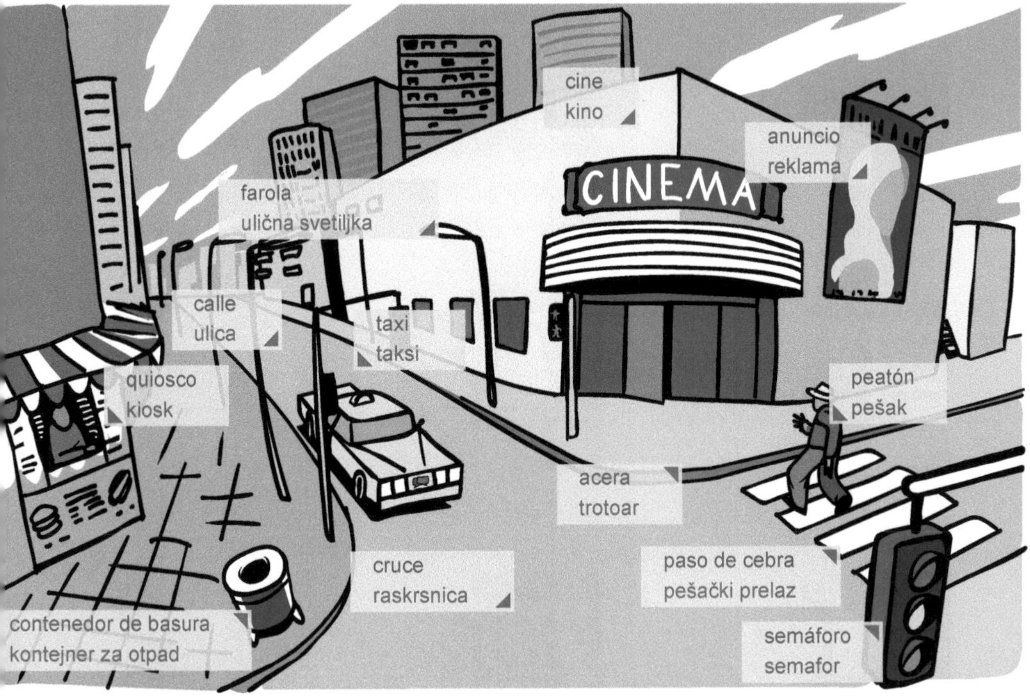

cine
kino

anuncio
reklama

farola
ulična svetiljka

calle
ulica

taxi
taksi

quiosco
kiosk

peatón
pešak

acera
trotoar

cruce
raskrsnica

paso de cebra
pešački prelaz

contenedor de basura
kontejner za otpad

semáforo
semafor

cabaña
koliba

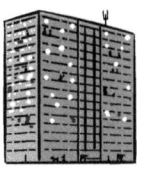

apartamento
stan

estación de tren
železnička stanica

ayuntamiento
većnica

museo
muzej

escuela
škola

ciudad - grad

11

universidad	banco	hospital
univerzitet	banka	bolnica

hotel	farmacia	oficina
hotel	apoteka	kancelarija

librería	tienda	floristería
knjižara	prodavnica	cvećara

supermercado	mercado	grandes almacenes
supermarket	trg	robna kuća

pescadería	centro comercial	puerto
ribarnica	trgovački centar	luka

parque

park

banco

klupa

puente

most

escaleras

stepenice

metro

podzemna železnica

túnel

tunel

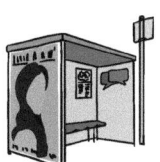

parada de autobús

autobuska stanica

bar

bar

restaurante

restoran

buzón

poštansko sanduče

poste indicador

ulični znak

parquímetro

parkirni automat

zoo

zoološki vrt

piscina

bazen

mezquita

džamija

granja

seosko gazdinstvo

contaminación

zagađenje okoline

cementerio

groblje

iglesia

crkva

patio de juego

igralište

templo

hram

paisaje
pejsaž

hoja
list

señal
putokaz

camino
put

prado
livada

piedra
kamen

árbol
drvo

excursionista
šetač

río
reka

hierba
trava

flor
cvijet

valle

dolina

colina

planina

lago

jezero

bosque

šuma

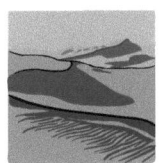

desierto

pustinja

volcán

vulkan

castillo

dvorac

arcoíris

duga

champiñón

gljiva

palmera

palma

mosquito

moskito

mosca

muva

hormiga

mrav

abeja

pčela

araña

pauk

escarabajo

buba

rana

žaba

ardilla

veverica

erizo

jež

liebre

zec

lechuza

sova

pájaro

ptica

cisne

labud

jabalí

divlja svinja

ciervo

jelen

alce

los

presa

nasip

turbina eólica

vetrenjača

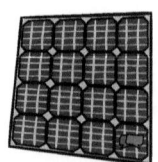

panel solar

solarna ploča

clima

klima

restaurante
restoran

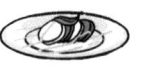

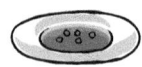

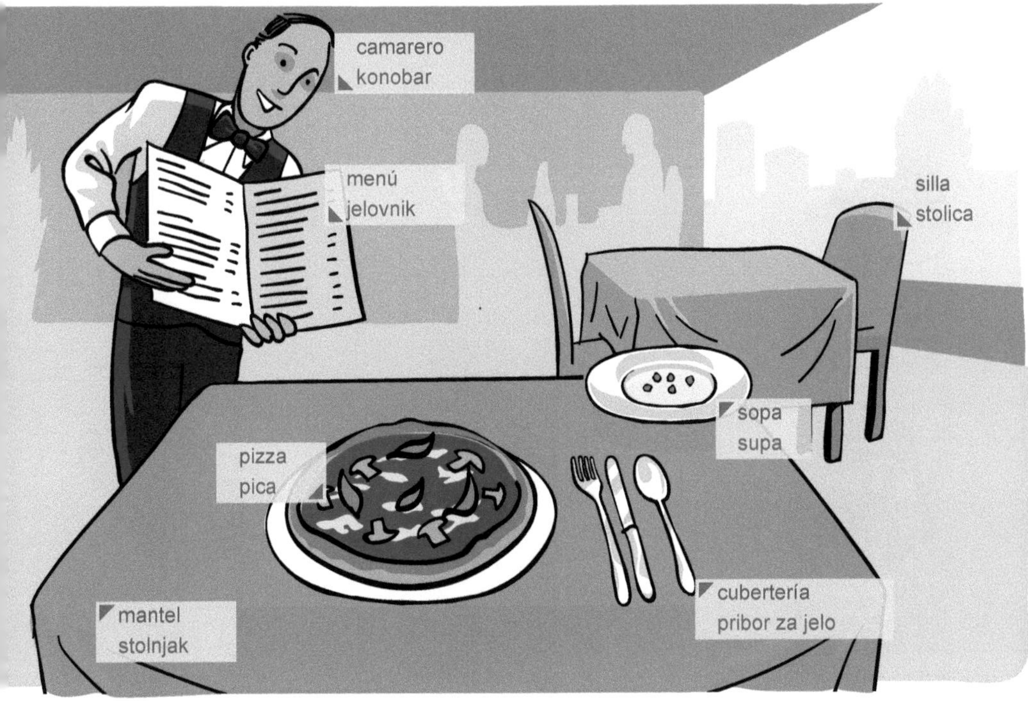
camarero
konobar
menú
jelovnik
silla
stolica
sopa
supa
pizza
pica
cubertería
pribor za jelo
mantel
stolnjak

primer plato

predjelo

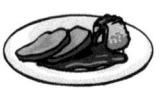

plato principal

glavno jelo

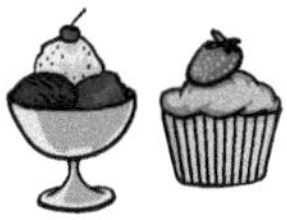

postre

desert

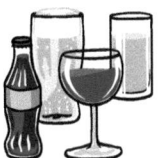

bebidas

napitci

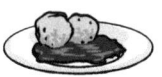

comida

jelo

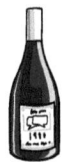

botella

flaša

comida rápida

brza hrana

comida callejera

imbis hrana

tetera

čajnik

azucarero

doza za šećer

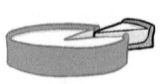

porción

porcija

cafetera expreso

aparat za espresso

trona

visoka stolica

cuenta

račun

bandeja

poslužavnik

cuchillo

nož

tenedor

viljuška

cuchara

kašika

cucharilla

čajna kašika

servilleta

salveta

vaso

čaša

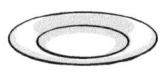

plato

tanjir

plato hondo

tanjir za supu

platillo

tanjirić

salsa

sos

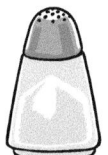

salero

soljenka

molinillo de pimienta

mlin za biber

vinagre

sirće

aceite

ulje

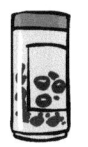

especias

začini

ketchup

kečap

mostaza

senf

mayonesa

majoneza

supermercado
supermarket

oferta especial
ponuda
FOR
cliente
kupac
lácteos
mlečni proizvodi
fruta
voće
carro de la compra
kolica za kupovinu

BUTCHERS

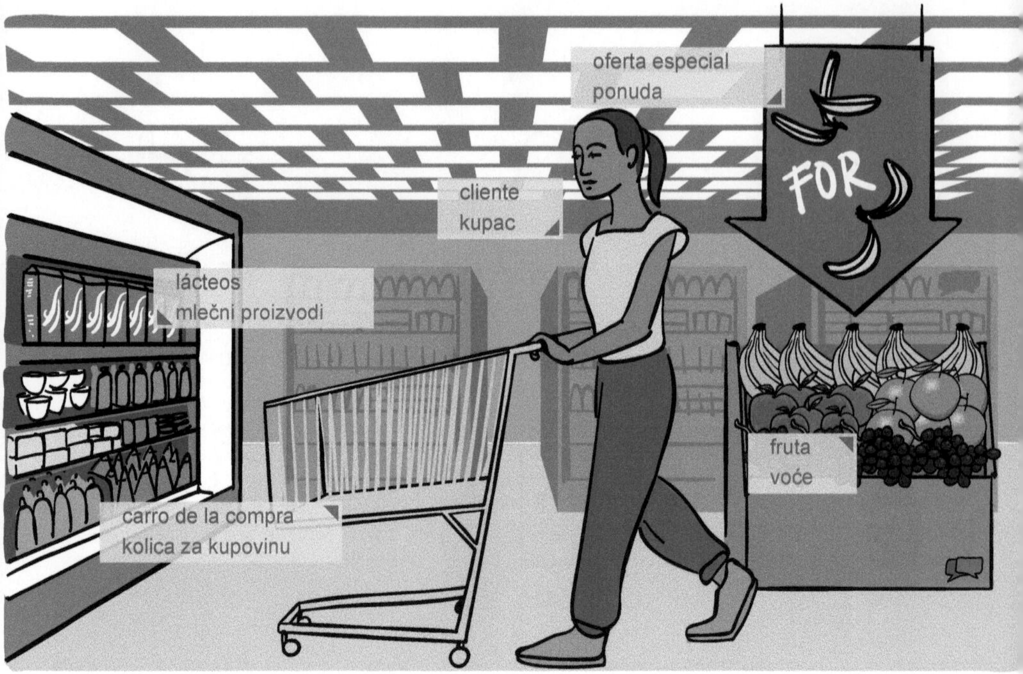

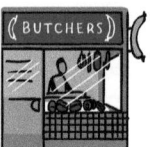

carnicería
mesnica

BAKERY

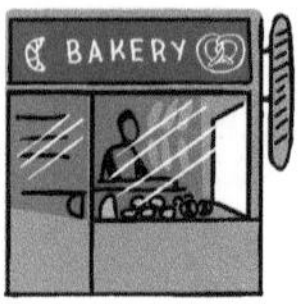

panadería
pekara

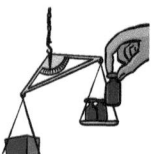

pesar
vagati

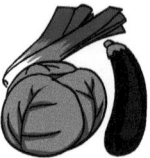

verduras
povrće

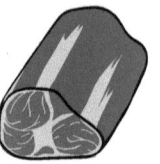

carne
meso

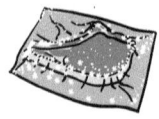

alimentos congelados
smrznuta hrana

fiambres

narezak

conservas

konzerve

detergente en polvo

sredstvo za pranje

dulces

slatkiši

productos de uso doméstico

artikli za domaćinstvo

productos de limpieza

sredstva za čišćenje

vendedora

prodavačica

caja

blagajna

cajero

blagajnik

lista de la compra

lista za kupovinu

horario de atención al público

vreme rada

cartera

novčanik

tarjeta de crédito

kreditna kartica

bolsa

torba

bolsa de plástico

plastična kesa

agua
voda

zumo
sok

leche
mleko

cola
kola

vino
vino

cerveza
pivo

alcohol
alkohol

cacao
kakao

té
čaj

café
kava

expreso
espresso

capuchino
cappuccino

plátano

banana

manzana

jabuka

naranja

narandža

melón

lubenica

limón

limun

zanahoria

šargarepa

ajo

beli luk

bambú

bambus

cebolla

luk

champiñón

gljiva

avellanas

orašasti plodovi

fideos

rezanci

espagueti

špagete

arroz

riža

ensalada

salata

patatas fritas

pomfrit

patatas fritas

pečeni krumpir

pizza

pica

hamburguesa

hamburger

sándwich

sendvič

filete

šnicla

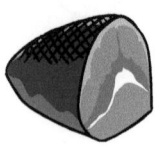

jamón

šunka

salami

salama

salchicha

kobasica

pollo

kokoš

asado

pečenje

pescado

riba

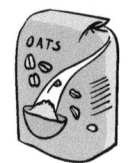

copos de avena
zobene pahuljice

muesli
musli

copos de maíz
kukuruzne pahuljice

harina
brašno

cruasán
kroasan

panecillo
pecivo

pan
hleb

tostada
toast

galletas
keksi

mantequilla
maslac

cuajada
sveži sir

pastel
kolač

huevo
jaje

huevo frito
jaje na oko

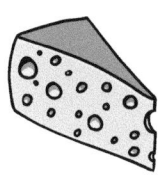

queso
sir

helado
························
sladoled

azúcar
························
šećer

miel
························
med

mermelada
························
marmelada

crema de turrón
························
nugat krema

curry
························
kari

granja
seosko gazdinstvo

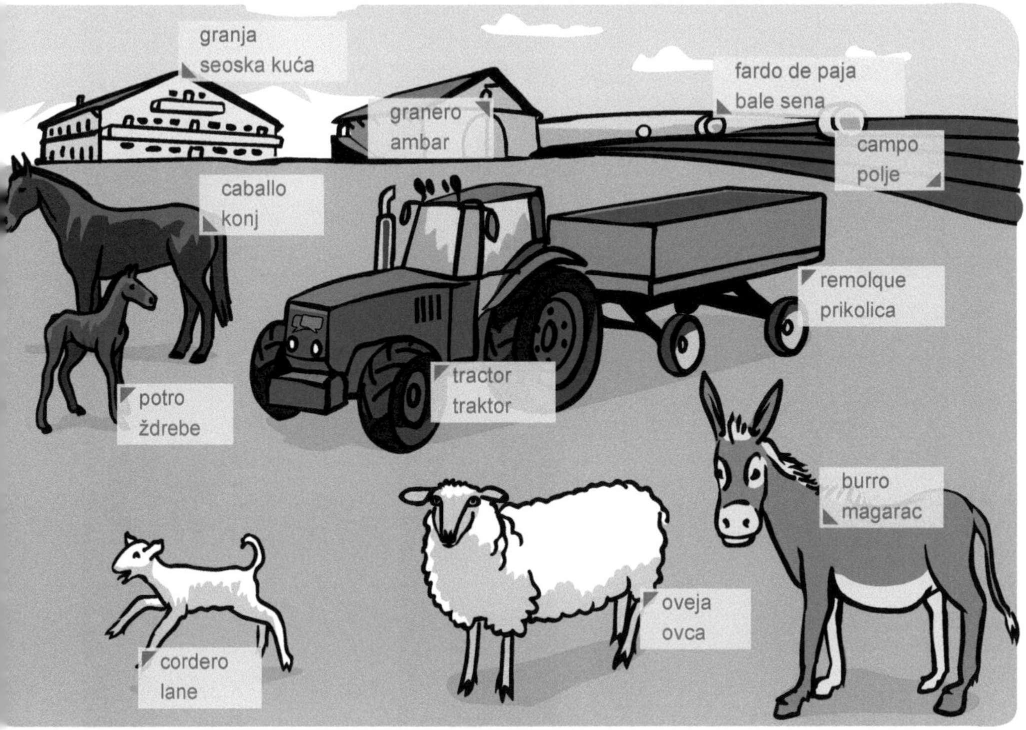
granja
seoska kuća
granero
ambar
fardo de paja
bale sena
campo
polje
caballo
konj
remolque
prikolica
tractor
traktor
potro
ždrebe
burro
magarac
oveja
ovca
cordero
lane

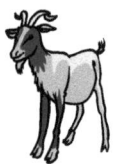

cabra

koza

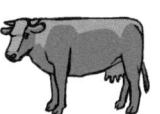

vaca

krava

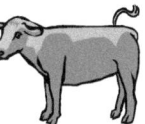

ternero

tele

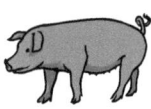

cerdo

svinja

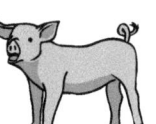

cerdito

prase

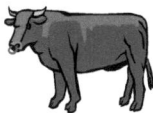

toro

bik

ganso

guska

pato

patka

pollo

pilići

gallina

kokoš

gallo

petao

rata

pacov

gato

mačka

ratón

miš

buey

vol

perro

pas

perrera

kućica za psa

manguera

vrtno crevo

regadera

kanta za polivanje

guadaña

kosa

arado

plug

hoz
srp

azada
motika

horca
viljuška za đubrivo

hacha
sekira

carretilla
tačke

abrevadero
korito

lechera
posuda za mleko

saco
vreća

valla
ograda

establo
štala

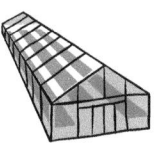

invernadero
staklenik

suelo
zemlja

semilla
seme

fertilizador
đubrivo

cosechadora
kombajn

cosechar

žeti

cosecha

žetva

ñame

jams začin

trigo

pšenica

soja

soja

patata

krumpir

maíz

kukuruz

semilla de colza

uljana repica

árbol frutal

voćka

mandioca

gomolj manioke

cereales

žitarice

casa
kuća

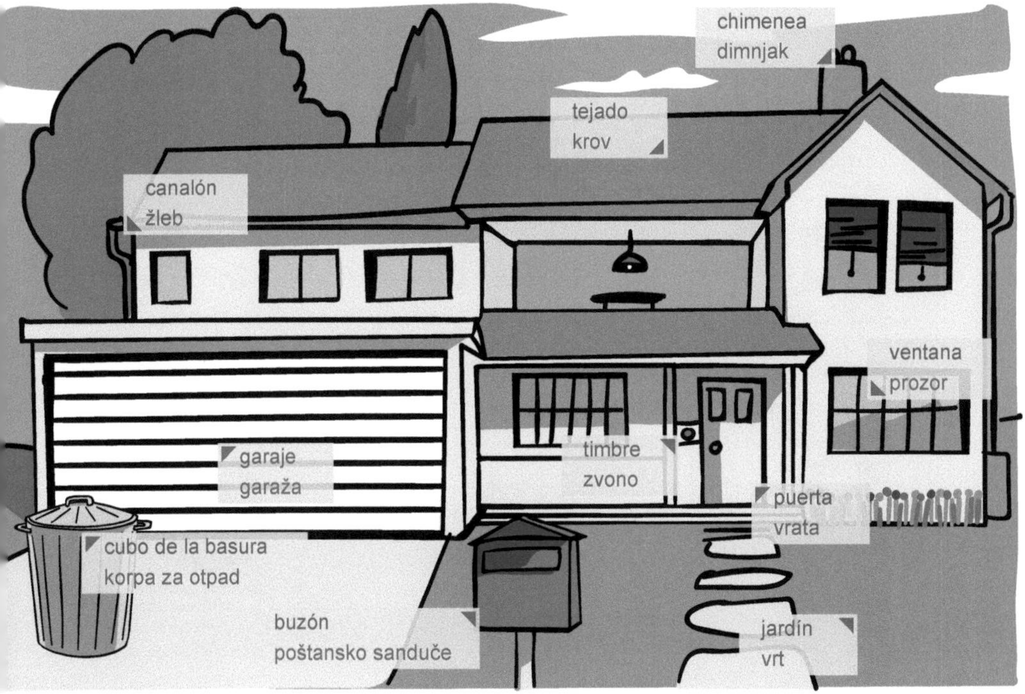

chimenea
dimnjak
tejado
krov
canalón
žleb
ventana
prozor
garaje
garaža
timbre
zvono
puerta
vrata
cubo de la basura
korpa za otpad
buzón
poštansko sanduče
jardín
vrt

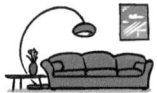

sala

dnevna soba

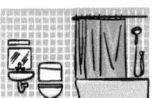

cuarto de baño

kupaonica

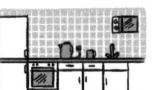

cocina

kuhinja

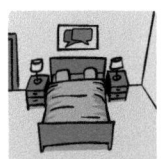

dormitorio

spavaća soba

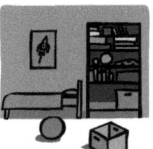

habitación de los niños

dečija soba

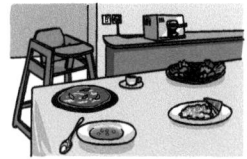

comedor

trpezarija

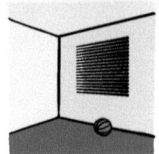

suelo

pod

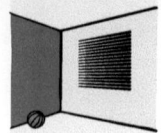

pared

zid

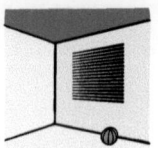

techo

strop

sótano

podrum

sauna

sauna

balcón

balkon

terraza

terasa

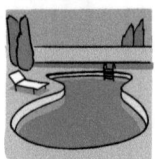

piscina

bazen

cortacésped

kosilica za travu

sábana

posteljina za krevet

colcha

deka za krevet

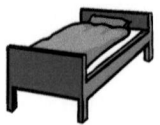

cama

krevet

escoba

metla

balde

kanta

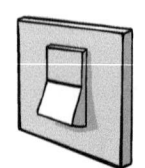

interruptor

prekidač

casa - kuća

sala
dnevna soba

papel pintado
tapeta
imagen
slika
lámpara
svetiljka
estante
regal
armario
ormar
televisión
televizija
chimenea
kamin
flor
cvijet
cojín
jastuk
sofá
kauč
jarrón
vaza
mando a distancia
daljinski upravljač

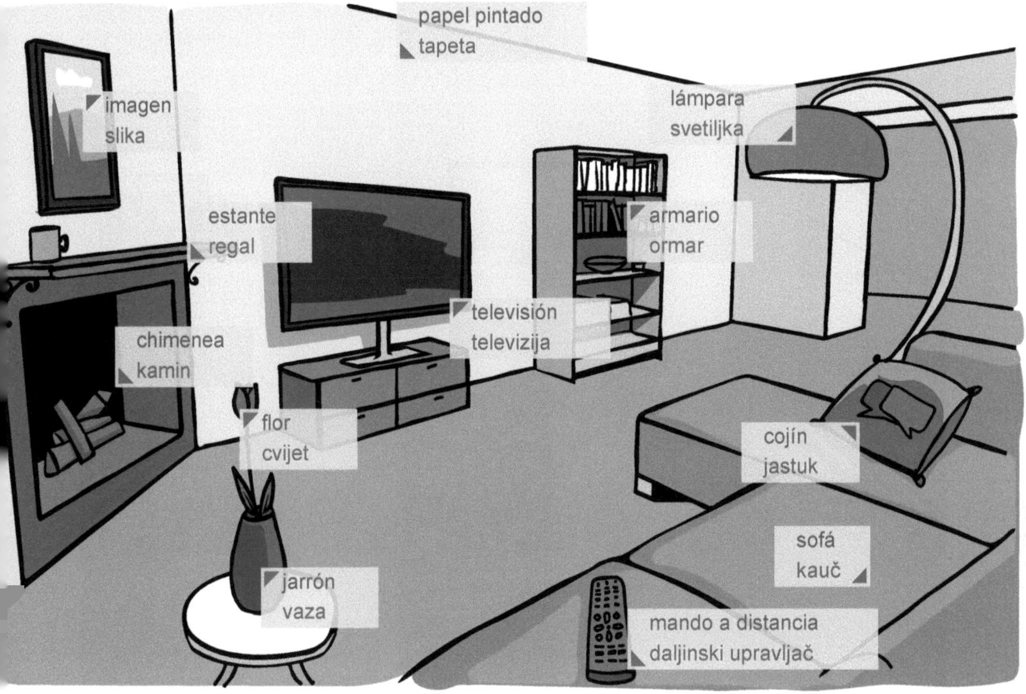

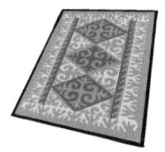

alfombra

tepih

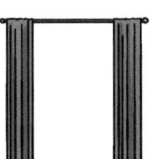

cortina

zavesa

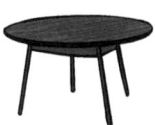

mesa

sto

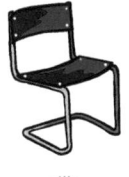

silla

stolica

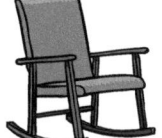

mecedora

stolica za njihanje

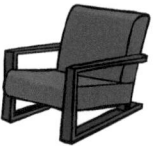

butaca

fotelja

libro
knjiga

manta
deka

decoración
dekoracija

leña
drvo za ogrev

película
film

equipo de música
hi-fi uređaj

llave
ključ

periódico
novine

pintura
slika na platnu

póster
poster

radio
radio

cuaderno
blok za pisanje

aspiradora
usisivač

cactus
kaktus

vela
sveća

cocina
kuhinja

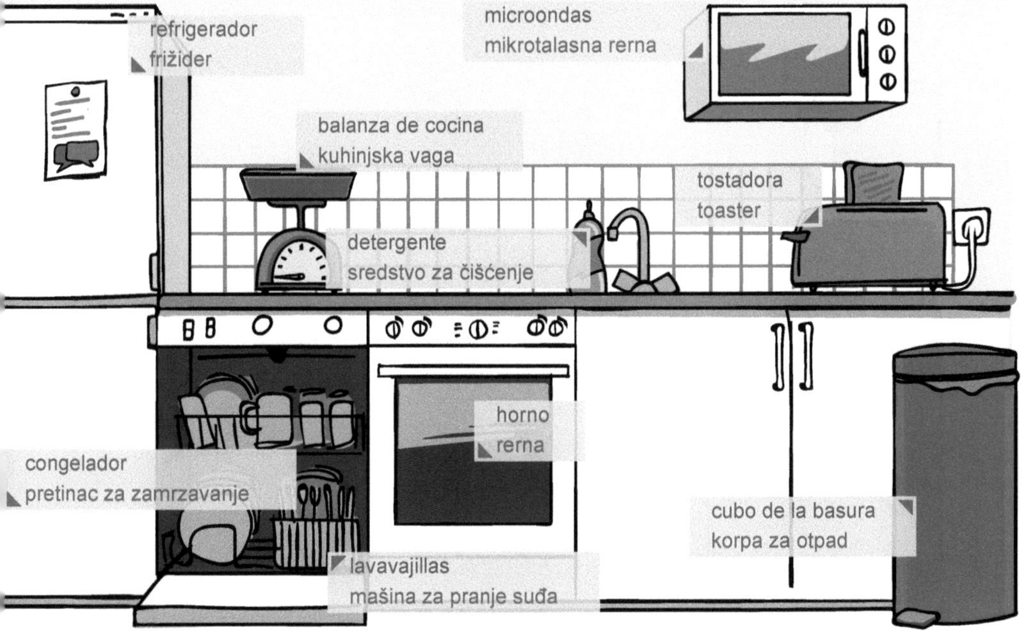
refrigerador
frižider
microondas
mikrotalasna rerna
balanza de cocina
kuhinjska vaga
tostadora
toaster
detergente
sredstvo za čišćenje
horno
rerna
congelador
pretinac za zamrzavanje
cubo de la basura
korpa za otpad
lavavajillas
mašina za pranje suđa

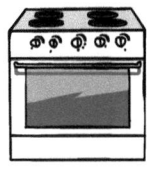

olla a presión
šporet

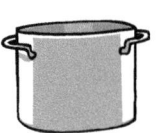

olla
lonac

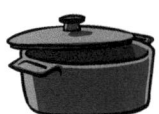

olla de hierro fundido
gvozdeni lonac

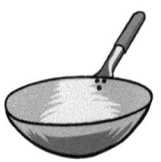

wok / karahi
wok / kadai

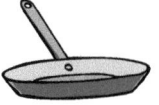

cazuela
tava

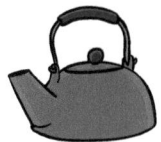

hervidor
kuvalo za vodu

vaporera

kuvalo na paru

chapa de horno

lim za pečenje

vajilla

posuđe

taza

čaša

tazón

posuda

palillos

štapići za jelo

cucharón

kutlača

espumadera

lopatica

batidor

penjača

colador

sito za kuvanje

cedazo

sito

rallador

ribež

mortero

mužar

barbacoa

roštilj

hoguera

ognjište

tabla de picar

daska

rodillo

oklagija

sacacorchos

vadičep

lata

konzerva

abrelatas

otvarač konzervi

agarrador

krpa za lonac

lavabo

sudoper

cepillo

četka

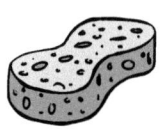

esponja

sunđer

batidora

mikser

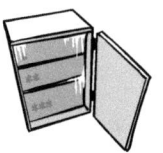

congelador

zamrzivač

biberón

flašica za bebe

grifo

slavina za vodu

cuarto de baño
kupaonica

ducha
tuš
calefacción
grejanje
toalla
peškir
cortina de la ducha
zavesa za tuš
baño de espuma
penušava kupka
bañera
kada
vaso
čaša
lavadora
mašina za pranje veša
grifo
slavina za vodu
baldosas
pločice
orinal
tuta
lavabo
sudoper

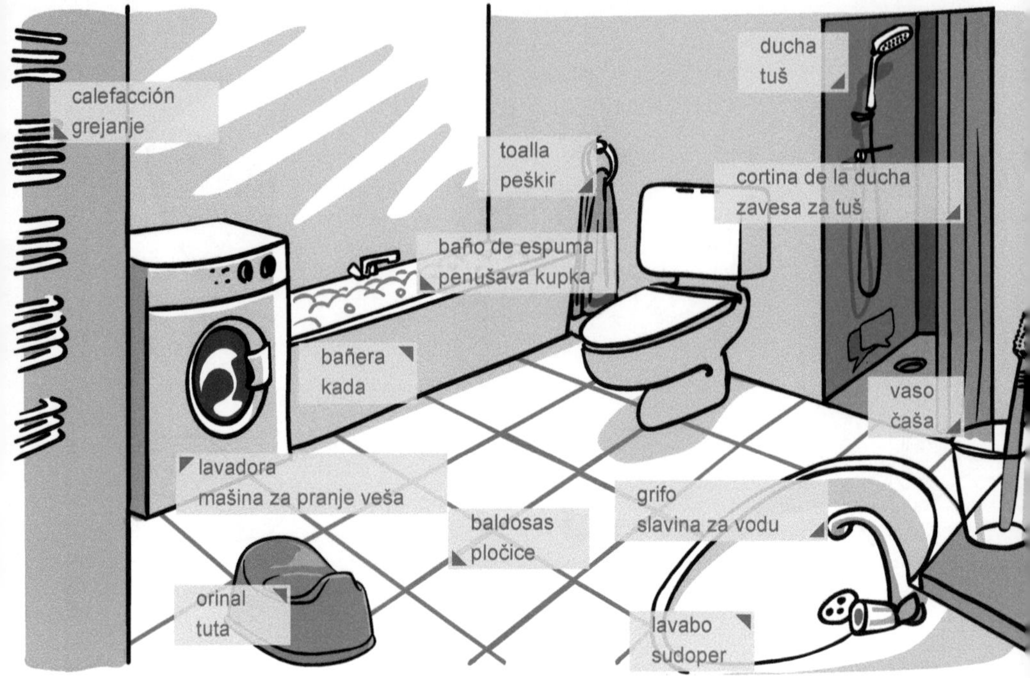

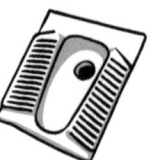

inodoro
toalet

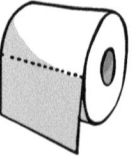

inodoro rústico
čučavac

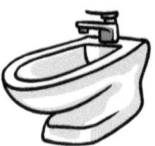

bidé
bidet

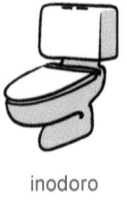

urinario
pisoar

papel higiénico
toaletni papir

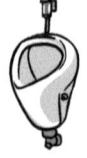

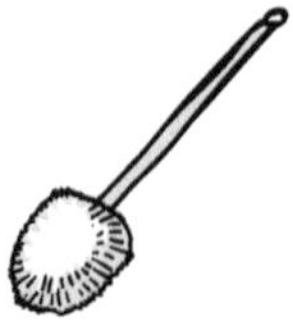

escobilla del váter
četka za toalet

cepillo de dientes

četkica za zube

pasta de dientes

pasta za zube

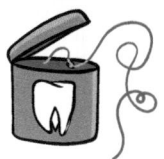

hilo dental

konac za zube

lavar

prati

ducha de mano

tuš ručica

ducha íntima

tuš za pranje intimnih delova

pila

lavor

cepillo de espalda

četka za pranje leđa

jabón

sapun

gel de ducha

gel za tuširanje

champú

šampon

toallita

krpa za pranje

desagüe

odvod

crema

krema

desodorante

dezodorans

espejo

oledalo

espejo de tocador

kozmetičko ogledalo

maquinilla de afeitar

brijač

espuma de afeitar

pena za brijanje

loción postafeitado

losion za posle brijanja

peine

češalj

cepillo

četka

secador

fen za kosu

laca

sprej za kosu

maquillaje

makeup

pintalabios

ruž za usne

pintauñas

lak za nokte

algodón

vata

cortauñas

makaze za nokte

perfume

parfem

estuche de viaje

kozmetička torbica

banqueta

stolica

balanza

vaga

albornoz

ogrtač

guantes de goma

rukavice za čišćenje

tampón

tampon

compresa

uložak

inodoro químico

hemijski toalet

habitación de los niños
dečija soba

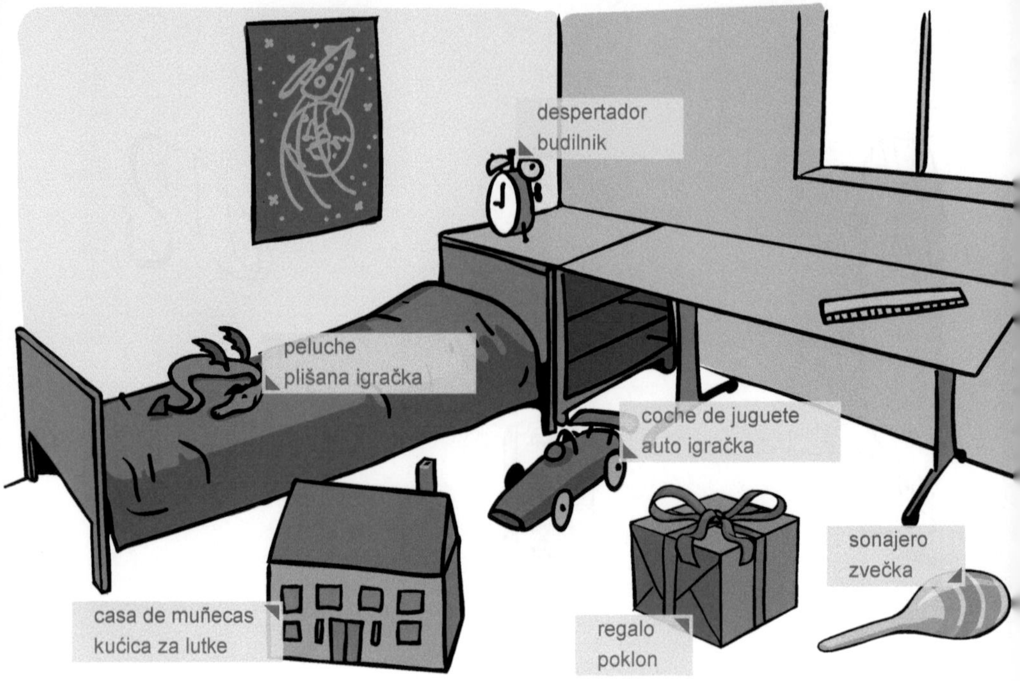
despertador
budilnik
peluche
plišana igračka
coche de juguete
auto igračka
sonajero
zvečka
casa de muñecas
kućica za lutke
regalo
poklon

globo

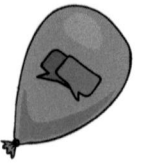

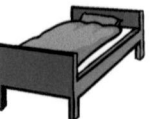

balon

cama

krevet

coche de niño

dječija kolica

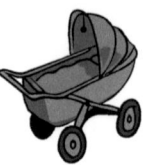

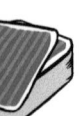

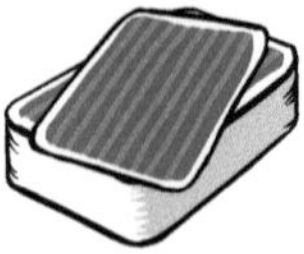

naipes

igra s kartama

puzle

slagalica

SUPER
MEGA

tebeo

strip

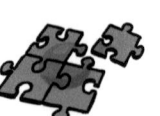

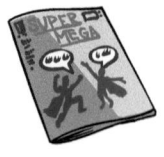

piezas de lego
lego kockice

bloques de juguete
kockice za slaganje

figura de acción
akcioni junak

bodi (de bebé)
benkica za bebe

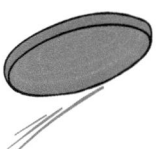

frisbee
frizbi

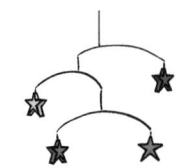

colgador móvil para bebés
viseće igračke

juego de mesa
društvene igre

dados
kocka

circuito de tren eléctrico
minijaturna željeznica

maniquí
duda

fiesta
zabava

álbum de fotos
slikovnica

pelota
lopta

muñeca
lutka

jugar
igrati

cajón de arena
....
pješčanik

columpio
....
ljuljačka

juguetes
....
igračka

videoconsola
....
konzola za igre

triciclo
....
tricikl

oso de peluche
....
tedi

guardarropa
....
ormar

ropa

odeća

calcetines
....
kratke čarape

medias
....
čarape

leotardos
....
hulahopke

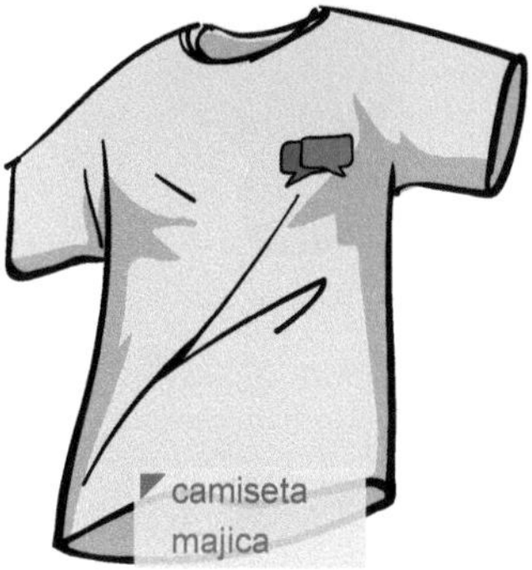

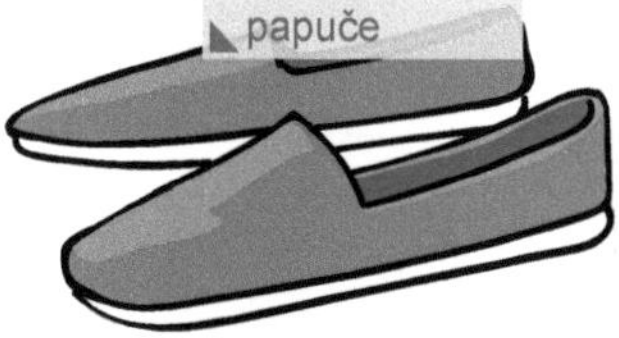

bufanda
šal

cinturón
kaiš

paraguas
kišobran

camiseta
majica

botas
čizme

zapatillas
papuče

deportivas
patike

sandalias
sandale

zapatos
cipele

botas de goma
gumene čizme

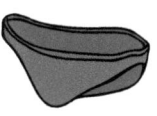

slip
gaćice

sostén
grudnjak

chaleco
potkošulja

bodi
bodi

pantalones
pantalone

vaqueros
farmerke

falda
suknja

blusa
bluza

camisa
košulja

jersey
džemper

suéter
džemper s kapuljačom

blazer
sako

chaqueta
jakna

abrigo
kaput

gabardina
kabanica

traje
kostim

vestido
haljina

vestido de novia
venčanica

traje
odelo

camisón
spavaćica

pijama
pidžama

sari
sari

bandana
marama za glavu

turbante
turban

burka
burka

caftán
kaftan

abaya
abaja

traje de baño
kupaći kostim

bañador
kupaće gaćice

pantalones cortos
kratke pantalone

chándal
odeća za trening

delantal
kecelja

guantes
rukavice

botón
dugme

gafas
naočare

brazalete
narukvica

collar
ogrlica

anillo
prsten

pendiente
naušnica

gorra
kapa

percha
vešalica

sombrero
šešir

corbata
kravata

cremallera
patent zatvarač

casco
kaciga

tirantes
naramenice

uniforme escolar
školska uniforma

uniforme
uniforma

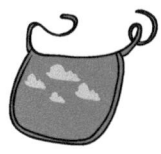

babero

podbradak

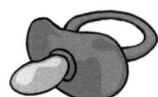

maniquí

duda

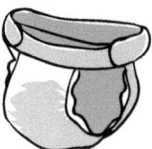

pañal

pelena

oficina

kancelarija

servidor
server
archivo
ormar za spise
impresora
štampač
papel
papir
monitor
monitor
ratón
miš
escritorio
pisaći stol
carpeta
mapa
teclado
tastatura
papelera
košara za papir
ordenador
kompjuter
silla
stolica

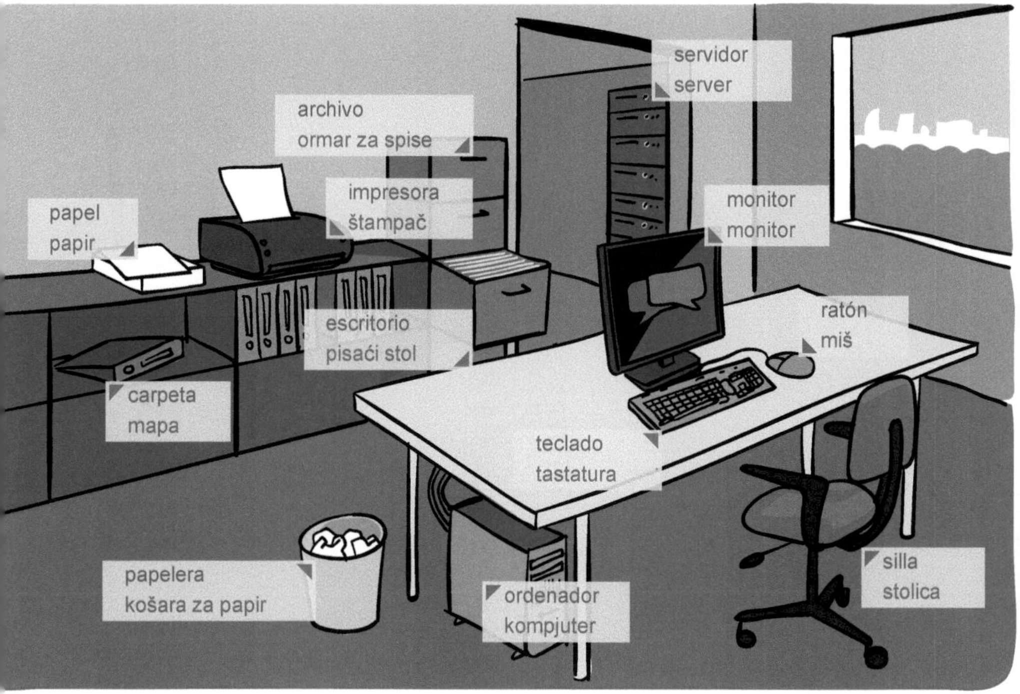

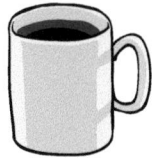

taza de café

šalica za kavu

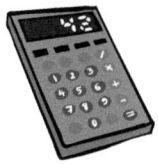

calculadora

kalkulator

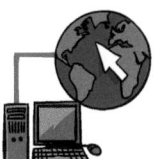

internet

internet

portátil

laptop

carta

pismo

mensaje

poruka

móvil

mobilni telefon

red

mreža

fotocopiadora

uređaj za kopiranje

software

softver

teléfono

telefon

toma de corriente

utičnica

fax

faks

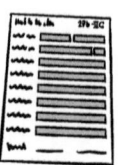

formulario

formular

documento

dokument

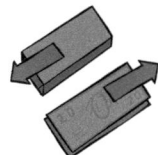

comprar
kupovati

pagar
platiti

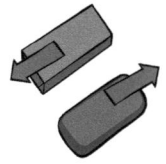

comerciar
trgovati

dinero
novac

dólar
dolar

euro
evro

yen
jen

rublo
rublja

franco suizo
švajcarski franak

renminbi yuan
renmindbi juan

rupia
rupija

cajero automático
automat za novac

oficina de cambio de divisas

menjačnica

oro

zlato

plata

srebro

petróleo

nafta

energía

energija

precio

cena

contrato

ugovor

impuesto

porez

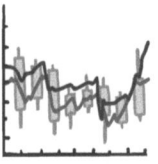

acción

deonica

trabajar

raditi

empleado

službenik

empleador

poslodavac

fábrica

fabrika

tienda

prodavnica

economía - ekonomija

agente de policía
policajac

bombero
vatrogasac

cocinero
kuvar

médico
lekar

piloto
pilot

jardinero
vrtlar

carpintero
stolar

costurera
krojačica

juez
sudija

farmacéutico
hemičar

actor
glumac

conductor de autobús

vozač autobusa

taxista

vozač taksija

pescador

ribar

señora de la limpieza

čistačica

techador

krovopokrivač

camarero

konobar

cazador

lovac

pintor

slikar

panadero

pekar

electricista

električar

obrero

građevinski radnik

ingeniero

inženjer

carnicero

mesar

fontanero

limar

cartero

poštar

soldado
vojnik

arquitecto
arhitekta

cajero
blagajnik

florista
cvećar

peluquero
frizer

revisor
kondukter

mecánico
mehaničar

capitán
kapetan

dentista
zubar

científico
naučnik

rabino
rabi

imán
imam

monje
monah

sacerdote
svećenik

herramientas

alati

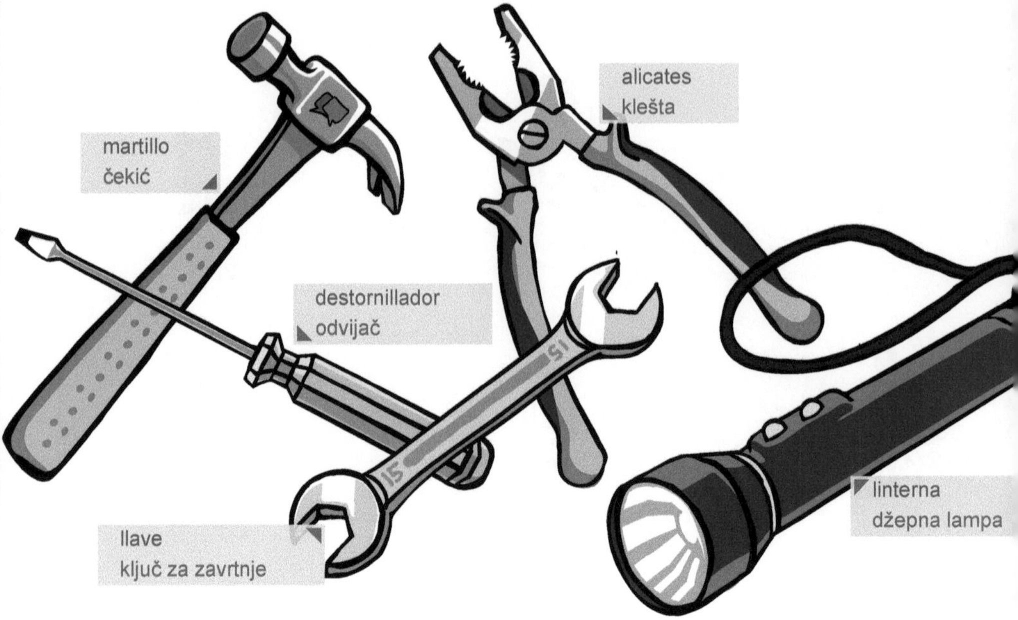
martillo
čekić
alicates
klešta
destornillador
odvijač
llave
ključ za zavrtnje
linterna
džepna lampa

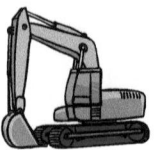

excavadora

bager

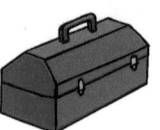

caja de herramientas

kutija za alat

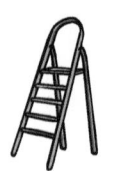

escalera de mano

merdevine

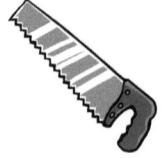

sierra

pila

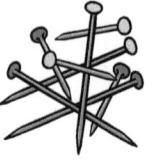

clavos

ekser

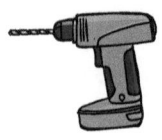

taladro

bušilica

reparar

popraviti

pala

lopata

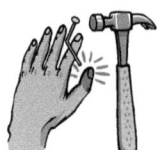

¡Maldita sea!

do đavola!

recogedor

lopatica

bote de pintura

lonac za boju

tornillos

zavrtanji

instrumentos musicales
muzički instrument

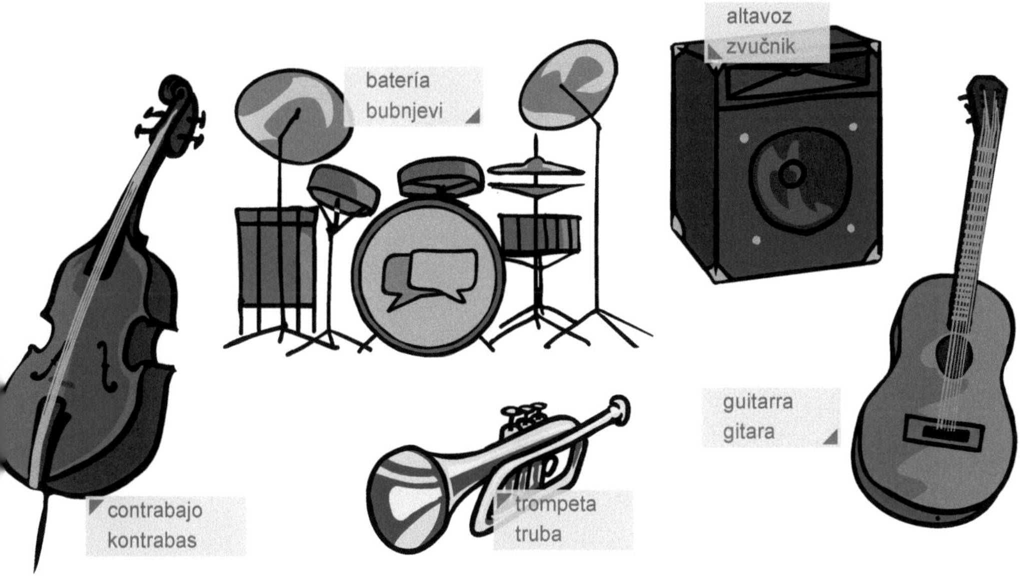

altavoz
zvučnik

batería
bubnjevi

contrabajo
kontrabas

trompeta
truba

guitarra
gitara

piano

klavir

violín

violina

bajo

bas

timbales

timpani

tambor

udaraljke za bubnjeve

teclado

tipke klavira

saxofón

saksofon

flauta

flauta

micrófono

mikrofon

zoo
zoološki vrt

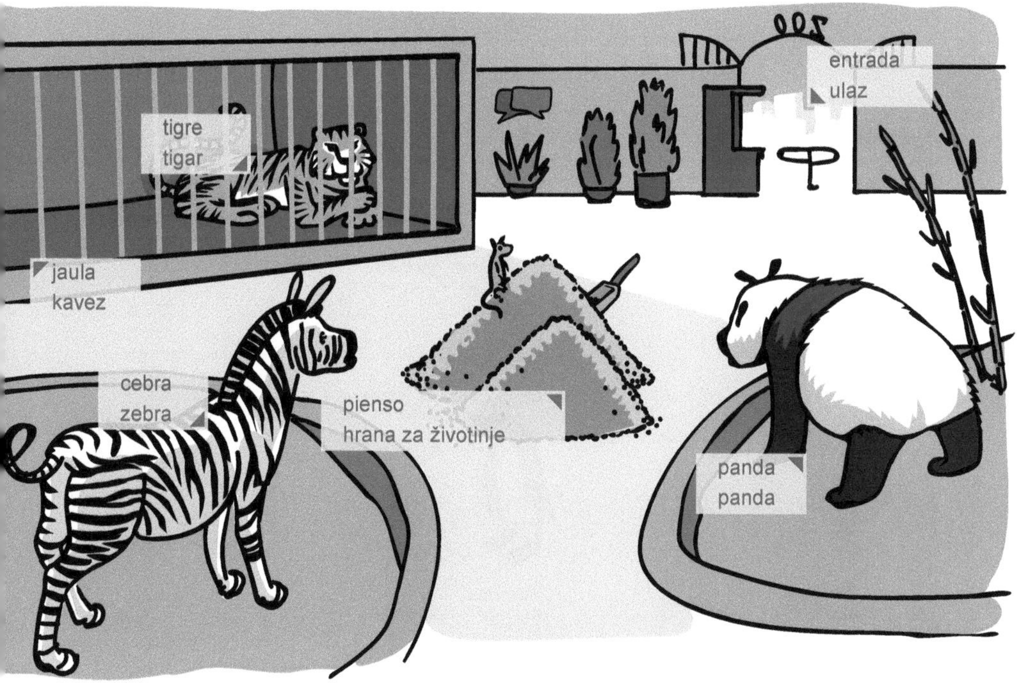
zoo
tigre
tigar
entrada
ulaz
jaula
kavez
cebra
zebra
pienso
hrana za životinje
panda
panda

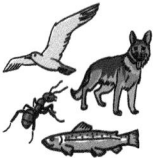

animales
....
životinje

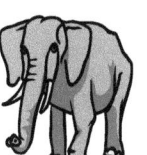

elefante
....
slon

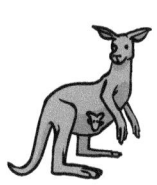

canguro
....
kengur

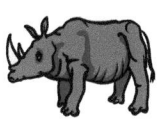

rinoceronte
....
nosorog

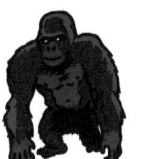

gorila
....
gorila

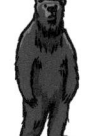

oso
....
medved

camello

kamila

avestruz

noj

león

lav

mono

majmun

flamingo

flamingo

loro

papagaj

oso polar

polarni medved

pingüino

pingvin

tiburón

ajkula

pavo real

paun

serpiente

zmija

cocodrilo

krokodil

guardián de zoológico

čuvar u zoološkom vrtu

foca

tuljan

jaguar

jaguar

poni
poni

leopardo
leopard

hipopótamo
nilski konj

jirafa
žirafa

águila
orao

jabalí
divlja svinja

pescado
riba

tortuga
kornjača

morsa
morž

zorro
lisica

gacela
gazela

fútbol americano
američki nogomet

ciclismo
biciklizam

tenis
tenis

baloncesto
košarka

natación
plivanje

hockey sobre hielo
hokej na ledu

boxeo
boks

fútbol	bádminton	atletismo
fudbal	badminton	atletika

balonmano	esquí	polo
rukomet	skijanje	polo

actividades
aktivnosti

saltar
skočiti
abrazar
zagrliti
reír
smejati se
caminar
ići
cantar
pevati
soñar
sanjati
rezar
moliti se
besar
poljubiti

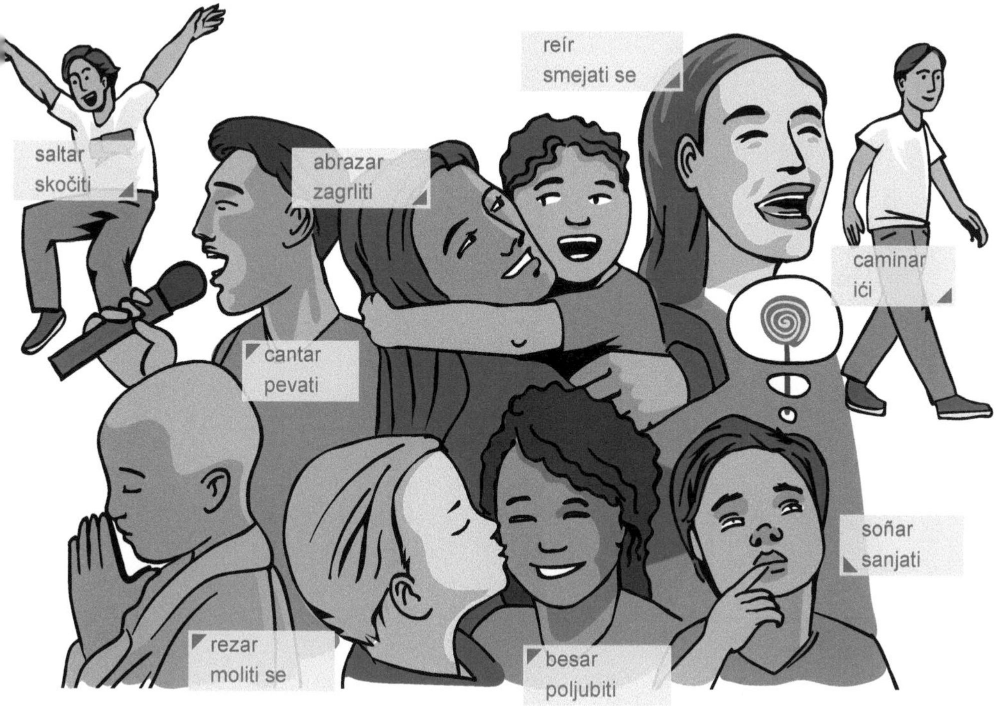

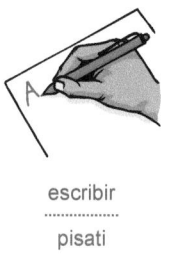

escribir

pisati

dibujar

crtati

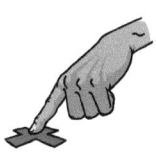

mostrar

pokazati

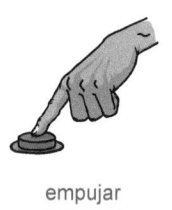

empujar

gurati

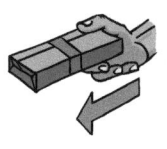

dar

dati

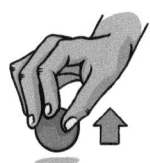

tomar

uzeti

tener

imati

hacer

činiti

ser

biti

estar de pie

stojati

correr

trčati

tirar

povlačiti

tirar

baciti

caer

padati

yacer

ležati

esperar

čekati

llevar

nositi

estar sentado

sediti

vestirse

oblačiti

dormir

spavati

despertar

probuditi se

mirar

gledati

llorar

plakati

acariciar

milovati

peinar

češljati

hablar

govoriti

entender

razumeti

preguntar

pitati

escuchar

slušati

beber

piti

comer

jesti

ordenar

pospremiti

amar

voleti

cocinar

kuhati

conducir

voziti

volar

leteti

navegar

ploviti

calcular

računati

leer

čitati

aprender

učiti

trabajar

raditi

casarse

venčati se

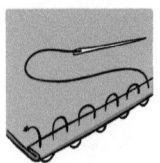

coser

šiti

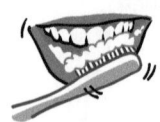

cepillarse los dientes

prati zube

matar

ubiti

fumar

pušiti

enviar

poslati

abuela
baka

abuelo
deda

padre
otac

madre
majka

bebé
beba

hija
kćerka

hijo
sin

invitado
....
gost

tía
....
tetka

tío
....
ujak, stric

hermano
....
brat

hermana
....
sestra

cuerpo

telo

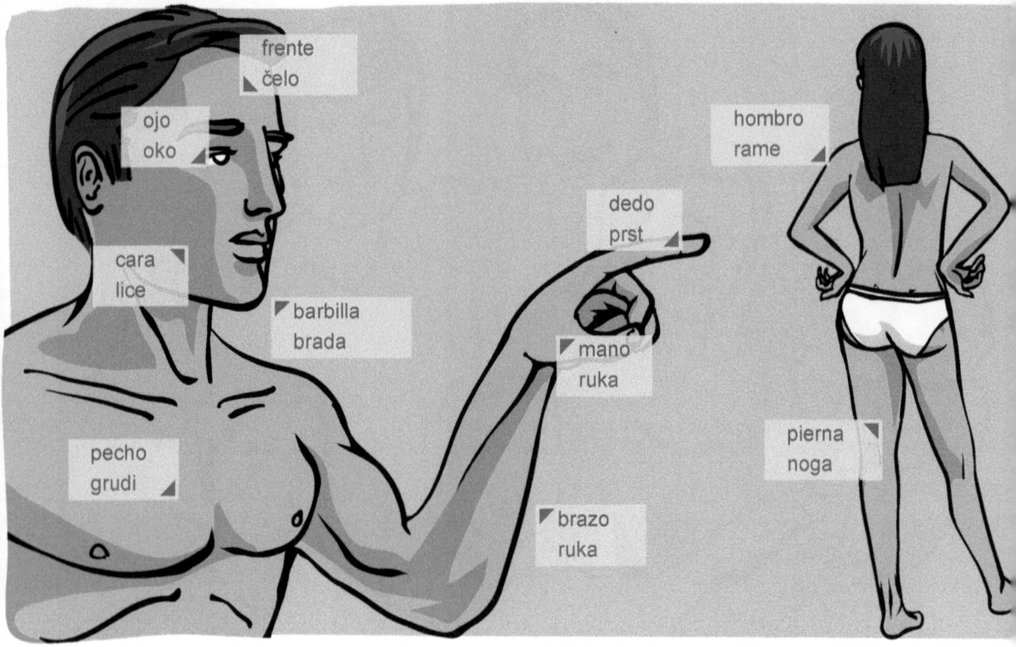

frente
čelo
ojo
oko
hombro
rame
dedo
prst
cara
lice
barbilla
brada
mano
ruka
pierna
noga
pecho
grudi
brazo
ruka

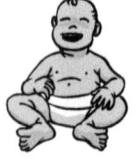

bebé

beba

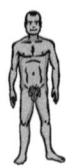

hombre

muškarac

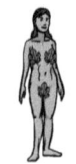

mujer

žena

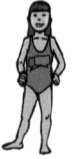

chica

devojčica

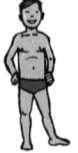

chico

dečak

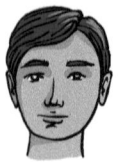

cabeza

glava

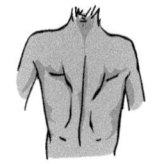

espalda
leđa

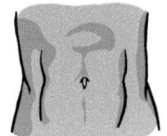

vientre
stomak

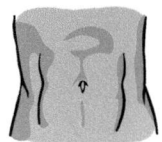

ombligo
pupak

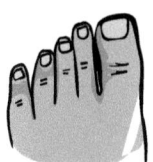

dedo del pie
nožni prst

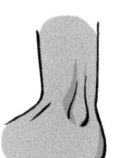

talón
peta

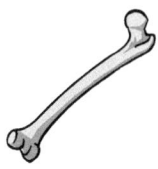

hueso
kost

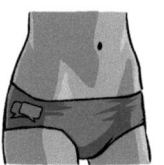

cadera
kukovi

rodilla
koleno

codo
lakat

nariz
nos

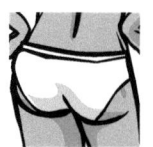

trasero
zadnjica

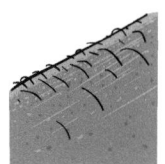

piel
koža

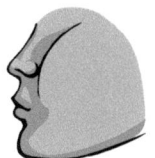

mejilla
obraz

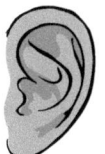

oído
uvo

labio
usna

cuerpo - telo

boca

usta

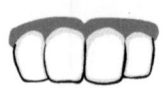

diente

zub

lengua

jezik

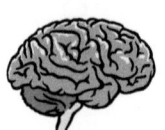

cerebro

mozak

corazón

srce

músculo

mišić

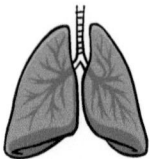

pulmón

pluća

hígado

jetra

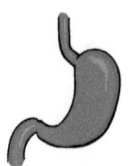

estómago

želudac

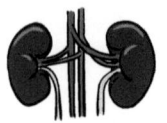

riñones

bubrezi

sexo

polni odnos

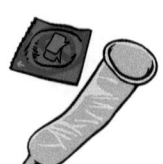

condón

kondom

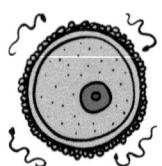

ovario

jajna ćelija

semen

sperma

embarazo

trudnoća

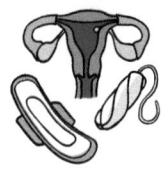

menstruación

menstruacija

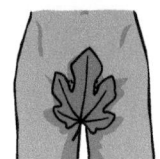

vagina

vagina

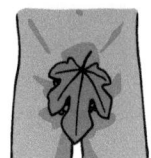

pene

penis

ceja

obrva

pelo

kosa

cuello

vrat

hospital
bolnica

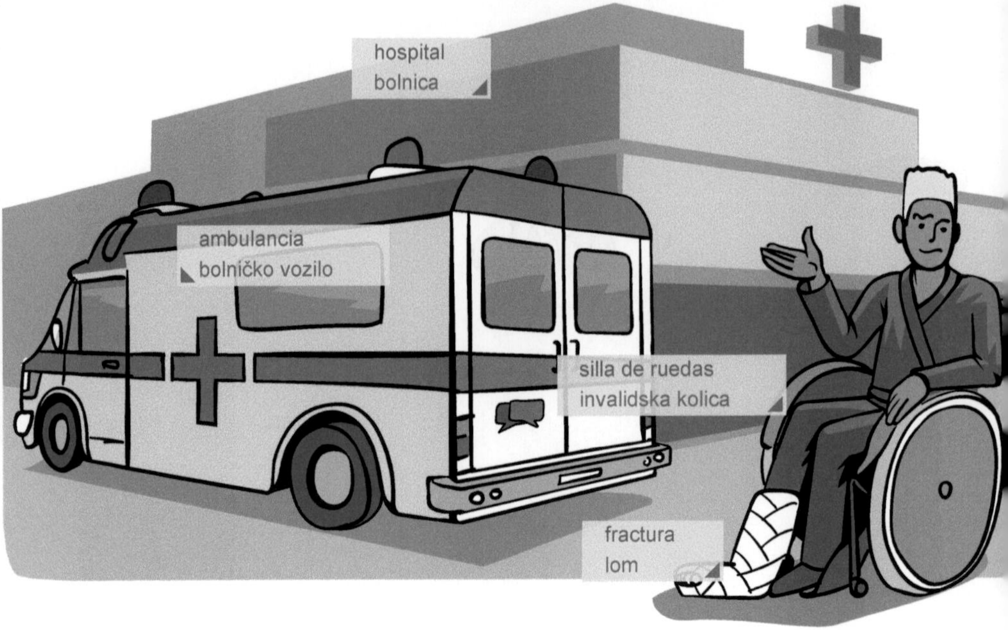

hospital
bolnica
ambulancia
bolničko vozilo
silla de ruedas
invalidska kolica
fractura
lom

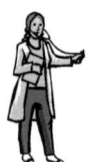

médico

lekar

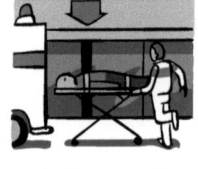

sala de urgencias

hitna medicinska služba

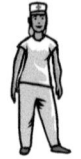

enfermera

medicinska sestra

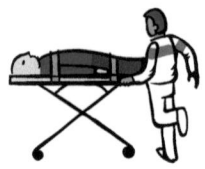

urgencia

hitni slučaj

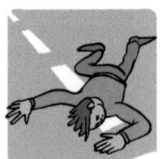

inconsciente

nesvest

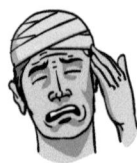

dolor

bol

lesión
povreda

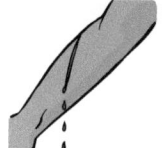

hemorragia
krvarenje

infarto
srčani udar

ictus
udar

alergia
alergija

tos
kašalj

fiebre
groznica

gripe
gripa

diarrea
proliv

dolor de cabeza
glavobolja

cáncer
rak

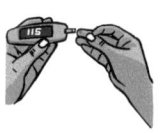

diabetes
dijabetes

cirujano
hirurg

bisturí
skalpel

operación
operacija

TAC

ct

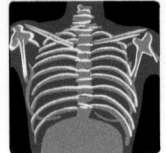

rayos x

rentgen

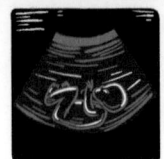

ultrasonido

ultrazvuk

mascarilla

maska

enfermedad

bolest

sala de espera

čekaona

muleta

štaka

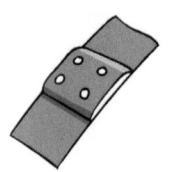

tirita

flaster

venda

zavoj

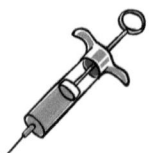

inyección

injekcija

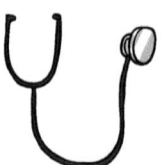

estetoscopio

stetoskop

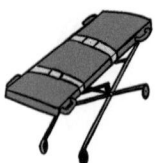

camilla

nosila

termómetro

termometar

nacimiento

rođenje

sobrepeso

prekomerna težina

audífono

slušni aparat

desinfectante

sredstvo za dezinfekciju

infección

infekcija

virus

virus

VIH / SIDA

HIV / AIDS

medicina

medicina

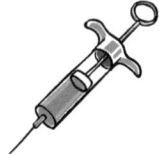

vacunación

vakcinacija

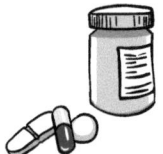

tabletas

tablete

pastilla

pilula

llamada de urgencia

hitni poziv

tensiómetro

uređaj za merenje pritiska

enfermo / sano

bolesno / zdravo

hospital - bolnica

¡Socorro!

pomoć!

alarma

alarm

asalto

nasrtaj

ataque

napad

peligro

opasnost

salida de emergencia

izlaz u slučaju nužde

¡Fuego!

požar!

extintor de incendios

protivpožarni aparat

accidente

nezgoda

botiquín de primeros auxilios

kutija prve pomoći

SOS

sos

policía

policija

Europa
Evropa

Norteamérica
Severna Amerika

Sudamérica
Južna Amerika

África
Afrika

Asia
Azija

Australia
Australija

Atlántico
Atlantik

Pacífico
Pacifik

Océano Índico
Indijski okean

Océano Antártico
Antarktički okean

Océano Ártico
Arktički ocean

polo norte
Severni pol

polo sur

Južni pol

Antártida

Antarktik

tierra

zemlja

tierra

zemlja

mar

more

isla

otok

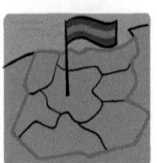

nación

nacija

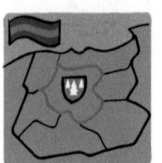

estado

država

esfera
brojčanik sata

manecilla de las horas
satna kazaljka

minutero
minutna kazaljka

segundero
sekundna kazaljka

¿Qué hora es?
Koliko je sati?

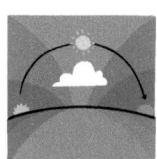

día
dan

tiempo
vreme

ahora
sada

reloj digital
digitalni sat

minuto
minuta

hora
čas

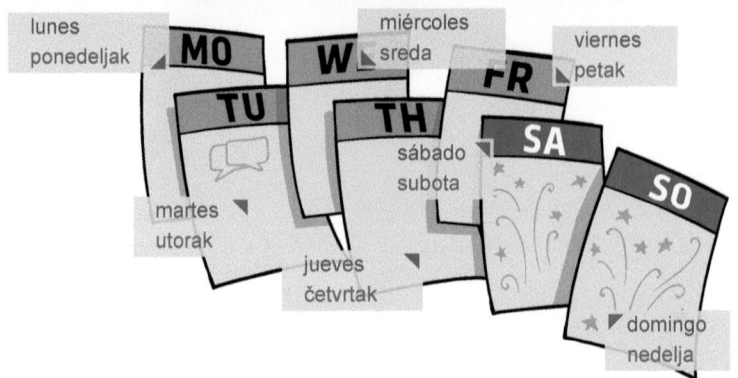

lunes
ponedeljak

miércoles
sreda

viernes
petak

martes
utorak

sábado
subota

jueves
četvrtak

domingo
nedelja

ayer

juče

hoy

danas

mañana

sutra

mañana

jutro

mediodía

podne

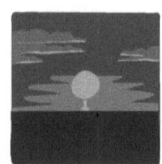

tarde

veče

MO	TU	WE	TH	FR	SA	SU
1	2	3	4	5	6	7
8	9	10	11	12	13	14
15	16	17	18	19	20	21
22	23	24	25	26	27	28
29	30	31	1	2	3	4

días laborables

radni dani

MO	TU	WE	TH	FR	SA	SU
1	2	3	4	5	6	7
8	9	10	11	12	13	14
15	16	17	18	19	20	21
22	23	24	25	26	27	28
29	30	31	1	2	3	4

fin de semana

vikend

año
godina

lluvia
kiša
arcoíris
duga
viento
vetar
nieve
sneg
primavera
proleće
otoño
jesen
verano
leto
invierno
zima

4.APRIL 11°
5.APRIL 4°
6.APRIL 13°
7.APRIL 8°
8.APRIL 10°

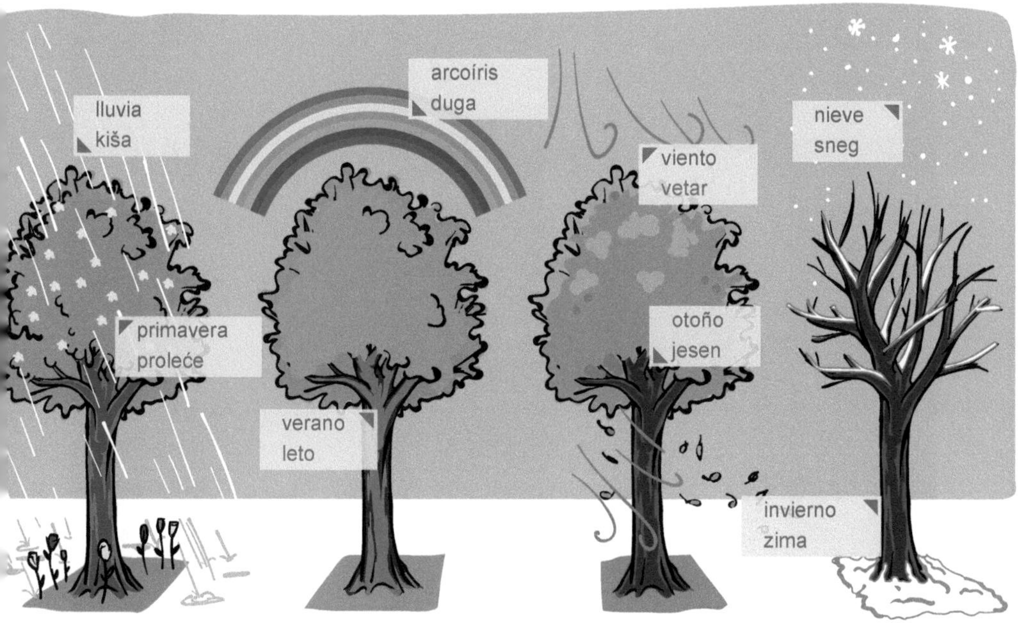

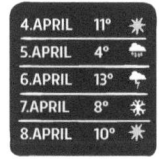

pronóstico del tiempo

meteorološka prognoza

F C
120 40
90 30
60 20
30 10
0 0
-30 -10
-20

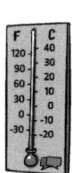

termómetro

termometar

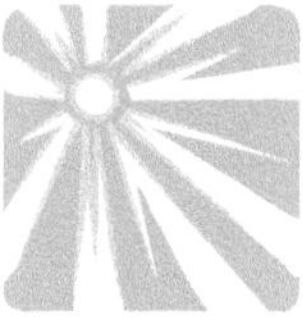

sol

sunčana svetlost

nube

oblak

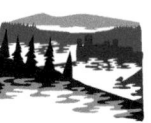

niebla

magla

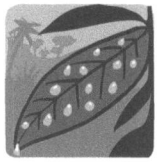

humedad

vlažnost vazduha

rayo
munja

trueno
grmljavina

tormenta
oluja

granizo
tuča

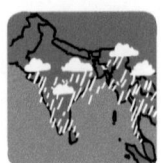

monzón
monsun

inundación
poplava

hielo
led

enero
januar

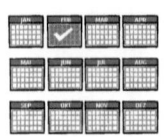

febrero
februar

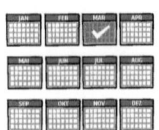

marzo
mart

abril
april

mayo
maj

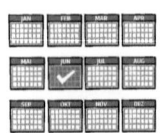

junio
juni

julio
juli

agosto
avgust

año - godina

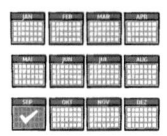

septiembre
....
septembar

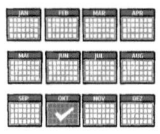

octubre
....
oktobar

noviembre
....
novembar

diciembre
....
decembar

formas
oblici

círculo
....
krug

cuadrado
....
kvadrat

rectángulo
....
pravougao

triángulo
....
trougao

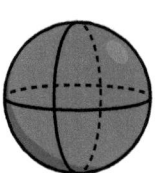

esfera
....
kugla

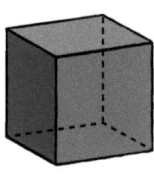

cubo
....
kocka

blanco

bela

amarillo

žuta

anaranjado

narandžasta

rosa

ružičasta

rojo

crvena

morado

ljubičasta

azul

plava

verde

zelena

marrón

smeđa

gris

siva

negro

crna

mucho / poco

mnogo / malo

enojado / tranquilo

ljutito / mirno

bonito / feo

lepo / ružno

principio / fin

početak / kraj

grande / pequeño

veliko / maleno

claro / oscuro

svetlo / tamno

hermano / hermana

brat / sestra

limpio / sucio

čisto / prljavo

completo / incompleto

potpuno / nepotpuno

día / noche

dan / noć

muerto / vivo

mrtvo / živo

ancho / estrecho

široko / usko

comestible / no comestible

jestivo / nejestivo

malo / amable

zlo / dobro

entusiasmado / aburrido

uzbuđeno / dosadno

gordo / delgado

debelo / mršavo

primero / último

na početku / na kraju

amigo / enemigo

prijatelj / neprijatelj

lleno / vacío

puno / prazno

duro / blando

tvrdo / mekano

pesado / ligero

teško / lagano

hambre / sed

glad / žeđ

enfermo / sano

bolesno / zdravo

ilegal / legal

ilegalno / legalno

inteligente / tonto

pametno / glupo

izquierda / derecha

levo / desno

cerca / lejos

blizu / daleko

nuevo / usado
....
novo / polovno

nada / algo
....
ništa / nešto

viejo / joven
....
staro / mlado

encendido / apagado
....
uključeno / isključeno

abierto / cerrado
....
otvoreno / zatvoreno

silencioso / ruidoso
....
tiho / glasno

rico / pobre
....
bogato / siromašno

correcto / incorrecto
....
tačno / pogrešno

áspero / suave
....
hrapavo / glatko

triste / contento
....
tužno / sretno

corto / largo
....
kratko / dugo

lento / rápido
....
polako / brzo

húmedo / seco
....
mokro / suho

cálido / frío
....
toplo / hladno

guerra / paz
....
rat / mir

0	**1**	**2**
cero	uno	dos
nula	jedan	dva
3	**4**	**5**
tres	cuatro	cinco
tri	četiri	pet
6	**7**	**8**
seis	siete	ocho
šest	sedam	osam
9	**10**	**11**
nueve	diez	once
devet	deset	jedanaest

12
doce
....
dvanaest

13
trece
....
trinaest

14
catorce
....
četrnaest

15
quince
....
petnaest

16
dieciséis
....
šestnaest

17
diecisiete
....
sedamnaest

18
dieciocho
....
osamnaest

19
diecinueve
....
devetnaest

20
veinte
....
dvadeset

100
cien
....
stotinu

1.000
mil
....
hiljadu

1.000.000
millón
....
milion

inglés

engleski

inglés americano

americki engleski

chino mandarín

mandarinski kineski

hindi

hindski

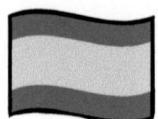

español

španski

francés

francuski

árabe

arapski

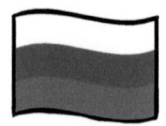

ruso

ruski

portugués

portugalski

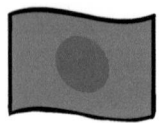

bengalí

bengalski

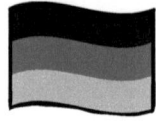

alemán

nemacki

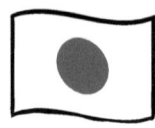

japonés

japanski

yo

ja

tú

ti

él / ella / ello

on / ona / ono

nosotros/as

mi

vosotros/as

vi

ellos/as

oni

¿quién?

Ko?

¿qué?

Šta?

¿cómo?

Kako?

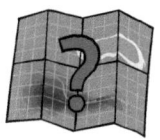

¿dónde?

Gde?

¿cuándo?

Kada?

nombre

ime

detrás

iza

en

u

delante de

ispred

por encima de

preko

sobre

na

debajo de

ispod

junto a

pored

entre

između

lugar

mesto